3D ЕВАНГЕЛИЕ

Служение В Культурах Вины, Стыда И Страха

Джейсон Джорджис

3D ЕВАНГЕЛИЕ

служение в культурах вины, стыда и страха

Создатель: Timē Press, 2016

ISBN-10: 0692618163
ISBN-13: 9780692618165

Книгу на английском языке в мягкой обложке, а также для электронной книги Amazon Kindle можно приобрести на Amazon.com (*The 3D Gospel: Ministry in Guilt, Shame, and Fear Cultures*).

Чтобы получить скидку 50% (50 экземпляров за 225 долларов США), напишите автору на info@honorshame.com.

На момент публикации, все статьи, блоги, видео, цитируемые в этой книге, были доступны бесплатно. Цитата не подразумевает одобрение всего материала, а просто имеет к нему отношение.

Я посвящаю эту книгу
моим дорогим друзьям в Средней Азии.
Спасибо, что вы любите Божью славу больше, чем саму жизнь.

Спасибо Р. и Р. за помочь, и дружбу!

Содержание

Перед чтением этой книги, посетите сайт www.TheCultureTest.com и пройдите бесплатный 5-ти минутный тест (доступен только на английском языке).

The Culture Test

1

УЗРИТЕ НОВЫЕ РЕАЛИИ

Гюзель уверовала в Иисуса, будучи студенткой университета. Послание, через которое она приняла Христа, было довольно стандартным: "Ваши преступления отдаляют Вас от Бога, поэтому вы заслуживаете наказания. Иисус умер за Ваши грехи. Верьте в Него и Ваши грехи будут прощены." Ее вера была подлинной и реальной. Ее грехи были прощены и она наслаждалась новой жизнью во Христе. Но, живя в Центральной Азии, Гюзель столкнулась с уникальной ситуацией, что прощение не может быть полным или недостаточным.

Однажды, Гюзель возвращалась из села в город. В такси, в котором она сидела, было четверо мужчин: водитель и три пассажира. Через некоторое время мужчины начали приглашать Гюзель в свои дома на чай и делать ей непристойные предложения. Как молодая девушка, она чувствовала себя неловко, и попыталась не усложнять ситуацию. На полпути мужчины остановились и выпили водки. Будучи в состоянии опьянения, они стали агрессивными. Как раз в тот момент, Гюзель заметила ее дядю на встречном автомобиле. Но вместо того, чтобы выскочить на дорогу и остановить его, Гюзель спряталась. Она не хотела, чтобы дядя увидел ее в окружении пристающих мужчин. Основной задачей Гюзель в тот момент было избежать позора и поддержать честь семьи.

Через несколько лет умер брат Гюзель. Ее семья восприняла это как большую трагедию, так как потеряла старшего сына. Через несколько недель после этого, Гюзель начала регулярно видеть брата во сне. Пока она спала, дух брата мучил ее в кошмарных сновидениях. Когда Гюзель поделилась своими снами с семьей, ей сказали поесть земли с могилы брата, чтобы успокоить духов и обрести покой.

Хотя для настоящего прощения своих грехов, Гюзель всего лишь нужно испытать Божье спасение от стыда, страха, и от вины. Гюзель, как и большинство христиан, нуждаются в трехмерной проповеди Божьего прощения, чести и власти.

Три Типа Культуры

"Мы должны считаться с тремя различными типами реакций на преступления против религиозно санкционированных кодов: страх, стыд и чувство иины." — Юджин Найда[1]

Христианские Миссиологи выделяют три реакции на грех в человеческой культуре: вину, стыд и страх. Эти три моральные эмоции стали основой для трех типов культуры: (1) *культура вины-невинности* проявляется в индивидуалистических обществах (в основном западных), где *люди, которые нарушают законы, чувствуют вину в совести и ищут справедливости или прощения, чтобы исправить содеянное; (2) *культура стыда-чести* описывает коллективистские культуры (характерны для Востоке), где людям стыдно за невыполнение групповых ожиданий и они стремятся восстановить свою честь в сообществе; (3) *культура страха-силы* относится к анимистическим контекстам (как правило, племенным или африканским), где люди боятся бесов и вреда и получают власть над миром духов через магические ритуалы.

Эти три типа культуры, как и группы личностей, определяют, как люди смотрят на мир. Так же, как отдельные люди имеют *персональность*, культурные группы разделяют *групповость*. Групповость определяется как "организованный образец поведенческих характеристик группы."[2] Культурная ориентация человека, или групповость, формирует его мировоззрение, этику, идентичность, и понятие спасения, даже больше, чем это делает их индивидуальная личность. По этой причине, изучение типов культуры помогает нам предвидеть культурные столкновения и общаться к Евангелию в трехмерно в мире. Книга послание к Ефесянам является хорошим примером того, как спасение Бога является средствами защиты от вины, стыда и страха.

3D Евангелие в Послании к Ефесянам

Павел написал книгу Ефесянам, чтобы объяснить "неисследимое богатство Христово» (3:8), которое включает в себя каждый из этих трех компонентов спасения (курсив добавлен ниже).

Вина-Невинность — "в Котором мы имеем искупление Кровию Его, *прощение грехов*, по богатству благодати Его" (1:7, а). Бог "и нас, мертвых по преступлениям, оживотворил со Христом, - благодатью вы *спасены*" (2:5).

Стыд-Честь — "предопределив *усыновить* нас в Себе через Иисуса Христа, по благоволению воли *Своей*" (1:5). "Вы уже не *чужие* и не *пришельцы*, но *сограждане* Божьему народу и *члены* Божьей *семьи*» (2:19, ст. 2:12-13).

Страх-Сила—"и как безмерно *величие могущества* Его в нас, верующих по действию державной силы Его, которою Он *воздействовал* во Христе, *воскресив* Его из мертвых и посадив одесную Себя на небесах, *превыше всякого Начальства, и Власти, и Силы, и Господства*, и всякого имени, именуемого не только в сем веке, но и в будущем" (1:19-21). "Наконец, братия мои, укрепляйтесь Господом и могуществом силы Его. Облекитесь во всеоружие Божие, чтобы вам можно было стать против козней диавольских" (6:10-11).

Три аспекта спасения также выходят из центральной молитвы Павла: "и просветил очи сердца вашего, дабы вы познали, в чем состоит *надежда* призвания Его, и какое богатство *славного наследия* Его для святых, и как безмерно величие *могущества* Его в нас, верующих по действию державной силы Его"(1:18-19). Евангелие всегда остается неделимым целым, но рассматривая его аспекты индивидуально, можно обеспечить более полное понимание спасения. Чтение Ефесянам трехмерно помогает христианам полностью воспринимать "богатство благодати Божией, которую Он даровал нам во всякой премудрости и разумении." (1:7-8).[3]

Видя полный алмаз

Евангелие является многогранным алмазом, и Бог хочет, чтобы люди во всех культурах испытывали Его полное спасение. Но, несмотря на многогранный характер христианского спасения, западное христианство подчеркивает один аспект спасения (т.е., прощение грехов), таким образом, пренебрегая другими аспектами Евангелия Иисуса Христа. Представьте себе алмаз только с одной стороны! Для кросс-культурного восприятия, усеченное Евангелие мешает духовности, теологии, отношениям и служению. Мы нечаянно поставили Бога в коробку, что позволяет Ему действовать только в одной области.

Понятно, что западное христианство подчеркивает аспект библейского спасения, наиболее значимый в культурном контексте. Исторически сложилось так, что два существенных голоса в западном богословии, Августин (р. 354) и Мартин Лютер (р. 1,483), исследовали внутренний смысл Божьего гнева по отношению к своим преступлениям, поэтому их писания исследуют, как Бог прощает и оправдывает виновных грешников. В то время как западное богословие адресовано вине и невинности, люди в большинстве мировых культур жаждут чести, чтобы покрыть стыд и жаждут власти, чтобы смягчить страх.

Несмотря на известность динамики стыда-чести и страха-силы в глобальной культуре, они остаются заметными белыми пятнами в большинстве христианского богословия. Понятие Гальзелы о христианском спасении, принятое от западного христианства, было только одномерным. Следовательно, она по традиционным культурным практикам стремилась достичь чести и силы, минуя благодать Божью. Что такое Евангелие в контекстах вины, стыда и страха? Как выглядит полный алмаз?

Культуры библейского мира были в большинстве своем основаны на стыде и страхе. Следовательно, честь и власть – характерные особенности библейской истории. История спасение в Библии представляет богословие и миссиологию для всех трех типов культур. Современная

10

Церковь должна также представить 3D Евангелие в различных культурных контекстах. Для повышения плодотворности в служении, мы рассмотрим каждую группу в культурном, богословском и миссиологическом аспектах в отдельности.

2

КУЛЬТУРА

Поддержание баланса

Несмотря на то, что вина, стыд и страх являются тремя различными характеристиками культуры, ни одна культура не может полностью характеризоваться только одним из них. Эти три характеристики взаимодействуют и переплетаются во всех обществах. Обстоятельства Гюзель иллюстрируют, как в Центральной Азии культура объединяет динамику стыда и страха. Даже отдельные лица или группы в пределах культуры могут варьироваться в зависимости от региона, возраста, пола и т.д. Сельские тайцы могут иметь больше страха, чем горожане в Бангкоке. Молодые люди в Америке, которые ценят подлинность и общество, становятся все более стыдливыми. Более точная модель культуры измеряет влияние каждого фактора на ту или иную группу. В треугольнике ниже, в каждом углу, представлены вина, стыд и страх. Культурная ориентация группы отражается ее положением в треугольнике и зависит от того, как сильно эти факторы влияют на группу.

Примеры приведены только для иллюстрации и не основаны на реальных исследованиях

Каждое культурное мировоззрение представляет собой уникальную смесь из вины, стыда и страха. Таким образом, культура стыда *направляется* (не *находится*) к верхнему углу. Роланд Мюллер говорит, что три фактора, как три основных цвета, из которых художники создают тысячи цветов, сколько используется каждого цвета и определяет конечный тип возникающей культуры.[4]

Как и все культурные парадигмы, трихотомия вины, стыда и страх раскладывает сложности по категориям для ясности. Хотя каждая культура уникальна, все они обладают общими чертами, которые могут быть классифицированы на три типа культуры. В следующих разделах кратко приведены общие черты каждого типа культуры.

Культура Вины-Невинности

*"Целостность-честность это поступать правильно,
даже когда никто не видит."* —К.С. Льюис

Понятия добра и зла являются основополагающими столпами в чувствах культуры вины-невинности. Общество создает законы и правила, чтобы определить, какие действия правильны или неправильны. Эти правила и законы определяют приемлемое поведение. Зрелый человек знает, что правильно и что неправильно, он старается делать правильные поступки и быть "законопослушным гражданином" - неправильные поступки делают его виноватым. Правительства, корпорации, школы и даже семьи создают правила для руководства социальным поведением и ожидают, что эти правила будут применяться ко всем людям. Никто не стоит выше закона. Общество ожидает, что Фемида с завязанными глазами всегда будет судить беспристрастно.

Культура, ориентированная на вину, не просто подчеркивает, правила и законы, но поощряет людей усвоить правила поведения. Моральная ответственность приходит изнутри. Общество ожидает нашей внутренней совести, чтобы вести к тому, чтобы мы делали то, что "правильно". Одним из ранних воспоминаний моего детства было мучение совести за кражу пожарной машинки из детского сада. Даже если никто не видел меня, моя молодая совесть мучила меня, пока я не вернул ее на следующий день. Вина не нуждается в аудитории.

Результатом является индивидуалистическая система. Западное воспитания заставляет детей "думать за себя", "быть верным себе", и "прокладывать свой собственный след." Люди являются автономными. Поскольку каждый обладает своим внутренним компасом, люди определяют приемлемое поведение. Общество ожидает, что люди будут действовать правильно сами по себе.

Но когда человек делает что-то неправильно (как определено правилами и законами), справедливость требует рассматривать эти негативные действия на равноправной основе. Различные фразы в языке отражают превосходство правосудия в западном обществе; когда несправедливость случается, мы "добиваемся справедливости", "требуем справедливости", и требуем, чтобы "правосудие свершилось". Справедливость – чувство всеобщей моральной правоты.

Культура вины сосредотачивается на действиях. Обвиненный нарушитель может исправить плохое поведение другим действием – общественными работами, оплатой штрафа, тюремным заключением. Поскольку проблемой является неправильное действие, решением является уравновешивание действий, подходящий проступок. Чтобы облегчить вину, человек должен, как правило, признать вину и/или предоставить возмещение.

Человек, который честно признается в правонарушении, награждается. Например, политик, обвиняемый в супружеской измене, как правило, может исправить ситуацию, публично признавшись о правонарушении. Эти взаимосвязанные понятия интроспективной совести, вероисповедания, правильного/неправильного, реституции, справедливости и прощения являются направляющими социального поведения в культуре вины-невинности.

Культура вины-невинности ориентируется не только на мораль, но также влияет и на концепции человеческой личности. Из-за акцента на действиях, индивидуальность происходит от "делать", идентичность – на основе работы и хобби, а не семьи или этнической принадлежности. Люди определяют, как их поведение и самовыражение отличается от группы, а не частью какой группы они являются. Дорога к индивидуализму в культуре вины-невинности на Западе была проложена более 2500 лет назад. Древние греки и римляне жили за честь; добродетель *филотайм* ("любовь чести") высоко ценилась. Но с течением времени, философы предположили, что честь характерна для нравственного поведения, а не происхождение, атлетизм, или богатство. Правильные поступки, а не просто влияние, должны сделать человека уважаемым. В *Дилемме Евтифрона*, Сократ делает вывод, что даже боги должны действовать свято. Древние философы связывали статус с индивидуальным нравственным поведением.

Позже, в эпоху Ренессанса и Просветления люди определялись в качестве независимых, рациональных субъектов: "Я мыслю, следовательно я существую". Западная философия в настоящее время объясняет суть человека в отрыве от его отношений с сообществом. Следовательно, западная цивилизация направляет общественную динамику (т.е., честь, стыд, и личность) в пользу вины, невинности и справедливости.

Культура стыда-чести

"Честь — это хорошая черта хороших людей." — Сенека, известный римский философ

После трагических взрывов во время Бостонского марафона в 2013 году, средства массовой информации нашли дядю подозреваемых в преступлении. Выступая на телевидении, мужчина из Чечни осудил своих племянников: "Вы опозорили семью Царнаевых и весь чеченский народ... Теперь все будут винить чеченскую нацию." В то время как американцы оплакивали трагическую потерю, этот человек из Чечни оплакивал позор своего народа.[5]

Общество стыда-чести предполагает сильную социальную ориентацию. Честь определяет социальный статус человека, его роль в глазах общественности. Честь – это когда другие люди думают о вас хорошо, в результате чего в обществе имеют место гармоничные социальные связи. Честь исходит от отношений.

Стыд, с другой стороны, вызывает негативное положение в обществе: люди плохо думают о вас, вы отлучены от группы. Например, в тайском языке есть фраза для посрамления "разодрать себе лицо" таким образом, люди предстают уродливыми перед другими. Вот слова израильтян, сетующих Богу о стыде "Ты сделал нас поношением для наших соседей, предметом насмешки и глумления для окружающих нас. Ты сделал нас притчею среди племён, чем-то, на что кивают головой среди народов. Весь день моё унижение передо мной и посрамление моего лица покрывает меня" (Пс. 43:13-15)

Честь и стыд работают как кредитный рейтинг социального измерения человеческой репутации. Потому честь и стыд являются по своей сути отношениями, а такие культуры являются коллективистскими. Члены культуры чести-стыда стремятся поддерживать социальный статус в группе часто за счет личных желаний. Если молодой человек женится на девушке с "неправильного" рода, деревенские глаза заставляют отца действовать в интересах чести семьи. Стыд и честь являются заразными; то, что делает один человек, повлияет на всю группу. Когда Бразилия проиграла 7-1 Германии на чемпионате мира по футболу в 2014 году, бразильские фанаты говорили: "Наша нация страдает. Нам нужно будет терпеть насмешки людей до конца наших жизней" и "мне стыдно быть бразильцем."[6] В Библии также Божьи люди опозорили имя Бога (см. Мал. 1:6; Рим. 2:24). В молодом возрасте, дети узнают, что они должны действовать в качестве представителей, отстаивающих честь общества. Цель человека в том, чтобы избежать позора для себя или своей семьи, деревни, и даже нации.

Социальная матрица культуры чести-стыда строится вокруг создания и расширения сети отношений. Коммуникации имеют ключевое значение в каждом аспекте жизни. Кого вы знаете, (и кто знает вас) это очень важно. Социально ориентированные культуры ценят гармонию взаимоотношений. Люди стремятся поддерживать межличностные связи и не обидеть других. Сохранить лицо и поддерживать мирные взаимоотношения.

В отношениях очень важно поддерживать баланс в общении. За подарки и гостеприимство всегда отблагодарят, чтобы не нести "социальный долг" стыда перед людьми. Семейные отношения более авторитарны. Люди предоставляют лидерам авторитет и престиж в обмен на поддержку и защиту.

В культуре стыда-чести каждый человек играет надлежащую роль, которая часто зависит от возраста, пола и положения. Люди сохраняют честь ведя себя в соответствии с этой ролью. Даже дети учатся с честью принимать отношения или обстоятельства. Вэсли Ян говорит что азиатский "стиль воспитания явно намерен смирить индивидуальную личность в пользу нужд более широкого коллектива... Этот стиль воспитания направлен на создание собственной "взаимозависимости", определяемой на чувстве внутренней автономии, а чувствительность к социальным ролям должна определятся в зависимости от ситуации".[7]

Социум перенимает мораль извне. Когда люди делают выбор, они задаются вопросом: "Насколько это честно?", "Что подумают другие?", или "Как насчет моей семьи?" Когда человек имеет несколько социальных ролей, приемлемое поведение зависит от контекста, а не правил. Культура стыда-чести определяет правильное и неправильное с моральной точки зрения, но определяет мораль через отношения, а не законы. То что лучше для отношений - то и правильно с моральной точки зрения.

В то время как некоторые действия могут приводить к стыду (например, уклонение от уплаты налогов), самым большим стыдом является быть человеком определенного типа. Статус в обществе, прежде всего, наследуется от группы. То, являетесь ли вы честным или постыдным, определяется на основе этнического происхождения и родословной вашей группы. Ваша честность основана больше на том, кто вы есть, чем на ваших поступках. В азиатских культурах, когда люди представляются, они сначала называют свою фамилию. В Евангелии Иисус даровал честь и достоинство многим, кто жил в позоре в связи с независимыми от них обстоятельствами. Слепые, глухие, хромые, прокаженные, одержимые демонами, язычники были изгоями, которых Иисус восстановил физически и социально.

Удаление стыда требует больше, чем прощения. Позор производит чувства унижения, осуждения, и одиночества. Позор означает неадекватность всего человека. В то время как чувство вины говорит: "Я *сделал* ошибку", позор говорит "Я и *есть* ошибка". Поскольку проблемой является конкретный человек, его изгоняют из группы.

	Основаны на вине	Основаны на стыде
Норма определяется	Правилами и законами	Отношениями и ролями
Поведение руководствуется	Внутренней совестью	Внешним обществом
Нарушения производят	Вину	Стыд
Основная проблема	"Я сделал ошибку" (действие)	"Я ошибка" (бытие)
Нарушения влияют на	Нарушителя	Группу
Ответ нарушителя	оправдаться или извиниться	Скрыться или спрятаться
Ответ общества	Наказать во имя справедливости	Исключить для удаления позора
Путь решения	Прощение	Реабилитация, восстановление

Чтобы избежать такой изоляции, люди маскируют свой позор от других. В следующей таблице сравнивается как формируется поведение в культуре вины и стыда.

Управление стыдом важно, потому что человек с чувством стыда (в отличии от виновного лица) может сделать очень мало, чтобы восстановить социальный ущерб. Искупление стыда требует своего рода переделывания или преобразования себя; собственная личность должна измениться. Часто человек с более высоким социальным статусом должен публично восстановить честь, на подобии того, как отец сделал это для блудного сына в Евангелии от Луки.

На западе часто не замечают динамику чести и стыда в других культурах. Одной из причин является то, что в языках используются разные слова, чтобы говорить о чести и стыде, такие как: слава, репутация, статус, достоинство. Во многих культурах используют метафоры "имя" или "облик", чтобы поговорить о стыде и чести, так как люди, как известно, определяются по имени и облику.

Кроме того, культурные выражения чести и стыда могут являться противоречивыми. Например, в ближневосточных культурах агрессивно сражаются за честь. Конфликт рассматривается как победа или поражение. Таким образом, они могут прибегнуть к убийствам или даже к терроризму, чтобы избежать позора и восстановить честь. Но в дальновосточных культурах, таких как Япония и Корея, стремятся к гармонии. Конфликт рассматривается как беспроигрышная или заведомо проигрышная игры. Так, люди здесь реагируют на стыд, иногда даже совершая самоубийство. Несмотря на внешние выражения контраста, обе культуры глубоко коренятся в ценностях стыда и чести.[8]

Культура страха-силы

В основанных на страхе культурах, не важно искренне верить в определенные истины или следовать этическим нормам, скорее реальные, чем духовные силы определяют приемлемость человеческого поведения. В центре внимания стоят методы для умиротворения и манипулирования невидимыми силами, чтобы они действовали в вашу пользу. Люди боятся делать что-то неправильно перед лицом духовного мира. Лидерами в условиях страха часто являются религиозные или духовные люди, которые верили, что способны изменить ход истории с помощью ритуальных практик. Хотя динамика страха и власти, как правило, связанная с племенными шаманами или карибами, занимающимися Вуду, она также влияет на бразильского бизнесмена, который молится святым или вашингтонского политика, консультирующегося у астролога.[9]

За фасадом многих официальных религий стоит

анимизм — функциональная религия культуры страха-силы. Анимизм считает, что духами, населяющими мир, физически (в деревьях, погоде, людях, болезни и т.д.) можно манипулировать через магические ритуалы для личной выгоды. Эти "народные" или "племенные" религии, как правило, выделяют три аспекта реальности:

1. видимый мир (люди, дома, физические объекты)

2. невидимый мир (ангелы, духи, *мана, барака,* проклятия, предки)

3. невидимое потусторонний мир (Бог, рай, ад)

Так невидимые духовные силы пронизывают нашу повседневную жизнь, люди смотрят на невидимые измерения, чтобы объяснить неурожаи, болезни, несчастные случаи, войны или даже пол ребенка. В 1982 году миссиолог Пол Хиберт написал книгу "Недостаток исключенного третьего", чтобы объяснить, как Западное мировоззрение, под влиянием научного рационализма, исключает духовную силу из повседневной жизни.[10] Модернизм отрицает мировоззрение с точки зрения страха-силы как "ненаучное суеверие", игнорируя реальное присутствие духовных существ в мире.

Культуры страха-силы живут в постоянном страхе невидимых сил. Они опасаются, что неверный шаг может открыть уязвимую точку для духовного влияния, например, аварий, плохого сна и т.д. Люди в контексте страха никогда не знают, какое зло могут нанести капризные духи. Для управления неизвестной жизнью и отстранения от злых духов, они прибегают к магическим ритуалам. Они используют секретные методы духовной силы, чтобы избежать вреда и получить благословение. Люди стремятся жить в мире с теми силами, которые влияют на их мир. Дисгармония с духами может оказаться катастрофической.

Общие методы получения власти включают в себя использование амулетов, проклятий, заговоров, фетиши, декламаций, заклинаний, колдовства, гороскопов или сглаза. Мораль культуры страха-силы говорит: сделай что-то в видимом мире, что бы манипулировать невидимым миром в свою пользу.

Чтобы защитить уязвимого новорожденного от вреда, родители могут рисовать изображения на лбу для отгона духов. Чтобы нанести реванш обиженный человек может сжечь фото врага. Для содействия рождаемости пара может помолиться на святой горе. Чтобы остановить заразную болезнь старейшины деревни могут принести в жертву быка для успокоения богов. Для обеспечения процветания семья может пожертвовать еду для предков на семейном алтаре. Для получения сверхъестественного влияния человек может целенаправленно призывать темные существа в наш мир. Добровольное подчинение этих духов обещает защиту, духовное положение и, возможно, достойное место в обществе в качестве шамана.[11]

Причины типизации культур

Почему существуют культуры вины, стыда и страха? Ответы кроются в социально-экономических причинах. Системы, через которые люди приобретают блага, влияют на то, как общество осуществляет поощрение своих членов (невинность, честь, власть) или наказывает их (чувство вины, стыда, страха).

Все люди должны каким-то образом получить доступ к основным жизненным потребностям: продуктам питания, защите, информации, здравоохранению, работе и т.д. Три основных субъекта, контролирующих жизненные ресурсы: (1) официальные институты, (2) человеческие сообщества, и (3) невидимые духи. Если человек не может выжить в полном одиночестве он должен обеспечить хорошие отношения с по крайней мере с одним из этих субъектов. Каждая система имеет уникальные правила, которым люди должны следовать, чтобы сохранять хорошую репутацию и иметь доступ к благам. Например, давайте рассмотрим, как люди ищут дорогу в каждой культурной системе.

На западе человек, открывает карту на своем смартфоне, чтобы узнать направление. Это опирается на установленные законом учреждения и организации. В этом случае правительство (военные США, ответственные за GPS) и корпорации (Apple или Google) обеспечивают доступ к картам. Для получения доступа к предоставляемым услугам, человек должен следовать правовым нормам и законам. Лицам, обвиняемым в нарушении правил или законов, отрезается доступ к услугам. В Западных странах с рыночной экономикой работа в компаниях является основными источником материальных благ; чтобы сохранить работу, вы должны следовать правилам кадровой политики.

В коллективистских обществах, люди, а не учреждения, располагают информацией. Живя в Центральной Азии, чтобы узнать путь нужно спросить его у членов общины. Вы получите только общее направление движения, что-то вроде: "Это рядом с фабрикой, за рекой". Когда я подъехал к фабрике, я должен был спросить другого человека, потом еще, пока я, наконец, не попал в нужно место. Отношения в обществе необходимы для получения ресурсов, таких как информация, и почетная репутация обеспечивают нормальные отношения. Общество не поможет опозоренным людям. Доступ к ресурсам, необходимым для жизни, можно получить только с помощью общества.

В анимистических культурах направление выбирают на основе невидимых духовных реалий. Люди желают лучшего духовного пути, который может быть обеспечен путем консультаций с провидцами, изучением волшебных сил. Целью является не скорость, а безопасность. Поскольку только духи знают, как люди могут безопасно добраться до места назначения, хорошие отношения с духами имеют важное значение для жизни.

Кто контролирует то, что мне нужно для жизни: официальные институты, человеческие общества или духовные силы? Вина, стыд и страх - это эмоции, которые социально-экономические группы используют для организации распределения ресурсов между людьми. Три способа узнать направление показывают какими люди должны быть: *невиновными* перед лицом официальных институтов, подчиняться правилам и законам, дабы не считаться виновным, иметь *почет* в сообществе, уважать ожидания группы и играть соответствующие роли, чтобы не осрамить себя или иметь *влияние* в духовной сфере, осуществлять соответствующие ритуалы и методы, чтобы не быть уязвимыми.

Как каждая культура соответствует потребностям человека

Экономическая система общества влияет прежде всего на то, испытывают ли нарушители вину, стыд или страх. Эта реальность лежит в основе большинства вопросов в тесте, упомянутом выше на первой странице книги (т.е., TheCultureTest.com). Таблица ниже объясняет как каждый тип культуры функционирует в различных жизненных ситуациях, чтобы удовлетворить основные человеческие потребности. Если вы еще не сделали это, посетите сайт www.TheCultureTest.com и пройдите бесплатный 5-ти минутный опрос (доступен только на английском языке).

	ВИНА	СТЫД	СТРАХ
Чтобы узнать маршрут проезда вы	Используйте карту или GPS	Спросите у людей	Помолитесь духам
Навыки работы приобретаются	Официальным образованием	Обучением, путем наблюдения	Получением священных знаний
Болезни лечатся	Рецептами и направлениями врача	Народными средствами	Ритуальными жертвоприноше-ниями и молитвами
Обиженное лицо	Ищет справедливости	Мстит или отступает	Насылает проклятие
Родинка является	Безвредной	Неловким клеймом	Предзнаменованием или знаком
Представиться при знакомстве	Имя и профессия	Полное имя и титул	Альтернативное имя, чтобы скрыть свое имя при рождении
От проступков страдает	Внутренняя совесть	Общественная репутация	Судьба
Мусорную свалку обходят, так как она	Негигиенична и воняет	Оскверняет людей	Место, где обитают духи
Ключ к началу хорошего бизнеса	Написать хороший бизнес-план	Иметь хорошие связи	Выполнить религиозный ритуал
Имущество умершего человека	Распределяется в соответствии с завещанием	Переходит к семье	Хоронится с человеком
Люди старше 70-ти лет в обществе	Обременительны	Уважаемые	Влиятельные
Концепция "семьи" включает в себя	Родителей, супругов и детей	Все родственные связи	Родственные связи и умерших предков

Родители часто наставляют детей	Удовлетворять свои интересы и страсти	Соблюдать общественные ожидания	Успокоить невидимые силы
Истина приходит от	Науки и фактов	Традиций и консенсуса	Мистицизма и прагматизма.
Люди перед поездкой	Выбирают самый короткий маршрут	Посещают родственников по пути	Избегают "темных" мест
Бесплодие решается путем	Поиском лечения	Новым супругом	Посещением святого храма или человека
Неадекватное поведение вызывает	Наказание	Остракизм, изгнание из общества	Слабость
Свадьбы обычно начинают	В запланированное время	Когда приезжают ключевые люди	В благоприятное время или удачный день
Лидеры поддерживают связи с	Их последователями	Влиятельными людьми	Духовными силами
Источником еды являются	Супермаркеты	Семейные фермы или местные рынки	Дикая природа
Люди должны действовать в соответствии с	Понятием правильного и неправильного	Ролями и ожиданиями	Техниками и тактиками
Люди с деньгами	Сберегают и инвестируют их	Развивают отношения, помогая другим	Защищают его от несчастных случаев
Как гости рассаживаются за столом	В случайном порядке	С учетом их статуса и возраста	Может повлиять на будущее
Святые писания обеспечивают	Руководство и инструкции	Наследие и персонализацию	Защиту и благословение
Люди получают защиту от:	Полицейских	Друзей	Магических практик
Люди жаждут	Равенства и справедливости	Статуса и уважения	Безопасности и мира
После злодеяния, люди чувствуют себя	Раскаяние	Унижение	Тревогу

Параллельные реальности

Трехсторонняя классификация вины, стыда и страха помогает нам лучше понять мир в целом. Три типа культуры соответствуют всем мировым реалиям. В следующей таблице представлены различные аспекты современного мира в свете вины, стыда и страха.

Тип культуры	ВИНА	СТЫД	СТРАХ
Социальная структура	Индивидуалист-ическая	Коллективистская	Анимистическая
Местоположение	Запад (Северная Америка, Европа)	Восток (Ближний Восток, Северная Африка, Азия)	Юг (южнее Сахары, племенна, Карибский бассейн)
Цивилизации	Западная, Православная	Мусульмане, индусы, китайцы, буддисты, японцы	Африканская, Латиноамериканская
Религиозный статус	Постхристианство	Минимало христианство	Зарождающееся христианство
Христианизация % христиан в 1910 % христиан в 2010	Достигнута 95% 81%	Не достигнута 2.7% 8.5%	Достигается 16% 62%
Население (2010)	1.08 млрд	4.37 млрд	1.42 млрд
Христианские течения	Августинцы, Протестанты	Неразвиты	Пятидесятники, Харизматы

Некоторые обобщения, конечно, упрощены.[12] Например, динамика чести и стыда значительно влияет на формирование культуры в южной Европе, Латинской Америке и Африке. Таким образом, мы все обобщили, но не учли нюансов. Тем не менее, разделив население планеты 7,2 млрд человек на три категории, мы пролили свет на некоторые политические и религиозные особенности в современном мире.

Корреляция между христианским населением и теологией заслуживает внимания. В XX веке христианство на Юг от Магриба, существует наряду с харизматической теологией и миссиологией. Было ли харизматическое течение христианства *причиной* роста церквей в Латинской Америке и Африке или харизматы возникли на *основании* культуры страха-силы?

Возможно, причиной ограниченного присутствия христианства на Востоке является отсутствие теологического контекста в их культуре стыда-чести. Большинство отдаленных народов преимущественно имеют культуру стыда-чести. По этой причине теология в культуре стыда-чести может иметь стратегическое значение для христианизации этих народов.

3

БОГОСЛОВИЕ

Трихотомия вины-стыда-страха дополнительно служит в качестве основы для толкования Писания и контекстуализации богословия. В этом разделе анализируются Библейские повествования и богословские категории. Изучение Евангелия с нескольких точек зрения может помочь христианам приобрести полное его понимание. Тем не менее, мы должны помнить, что Библия является единым повествованием, в котором прощение, честь и сила сплетаются вместе.

Концепция спасения Вины-Невиновности

Бог свят и справедлив. Во всех деяниях Своих Он действует с совершенной праведностью. Грех никогда не входит в Его деяния. Это Бог создал весь мир из ничего. Бог создал Адама и Еву и поселил их в Эдемском саду. Он дал им право есть плоды любого дерева, но запретил им есть из дерева познания добра и зла. Но когда Адам и Ева ослушались Божьей заповеди, они столкнулись с последствиями физической и духовной смерти. Они были наказаны за свои грехи. Из-за их действий люди рождаются в состоянии греха против Бога и Его законов. Грех отделяет всех людей от святого Бога. Адам и Ева были изгнаны из Эдемского сада.

Бог дал израильтянам закон, который имел две основные функции. Во-первых, закон открыл людям их моральную неадекватность и нужду спасения. Израильтяне были не в состоянии выполнить все Божьи заповеди своими силами. Человеческими усилиями невозможно достичь божественного уровня святости. История израильтян является одним из повторных неповиновений и последующего за ним наказания.

Но в Закон также включены положения о прощении грехов. Бог предоставил средства для людей, чтобы они могли искупить свои грехи. Система жертвоприношений израильтян позволяла прощение через ритуальное жертвоприношение животных. Исход израильтян из Египта спасает людей от Божьего гнева.

Иисус Христос, Божий Сын пожертвовал Собой, чтобы забрать грехи человечества. Иисус жил совершенно безгрешной жизнью. Не имея своих грехов, Он был в состоянии принять наши грехи. Иисус был Посланником Божьим. Он принял грехи наши и понес последствия наших грехов. Смерть Иисуса на кресте прощает грехи наши. Затем Иисус воскрес из мертвых и вознесся на небеса.

Бог теперь строит Свою Церковь для тех, кто покается в своих грехах и поверит в Иисуса. Для того, чтобы стать последователем Иисуса, следует признать свои грехи перед Богом и Святым Духом. Иисус примиряет нас с Богом, поэтому наши собственные усилия по нравственному совершенствованию напрасны, чтобы получить дар вечной жизни. Мы спасены благодаря дару Божьего прощения и милости, а не наших собственных заслуг. Будучи прощенными за наши грехи, мы призваны прощать других.

Когда Иисус вернется на землю, Бог будет судить всех людей по справедливости и каждому человку воздаст за его грехи. Нечестивые будут отправлены в ад, а праведники будут проводить вечность с Богом на небесах по вере в Иисуса Христа.

Концепция спасения Стыда-Чести

Бог существовал в вечности, Он полон славы и чести и является почетным Правителем, Отцом, который обеспечивает всю семью. Господь святой, верный и славный — сущность и источник всякой истинной чести.

Для возвеличивания своей славы Бог создал мир и жизнь. Он создал Адама и Еву, наделив их честью и славой. Они обладили полномочиями править над всем живым как наследники Божьи. Как Божьи дети они жили под защитой Бога. Адам и Ева наслаждались обликом Бога. Они ходили нагими и не стыдились.

Но Адам и Ева были нелояльны к Богу. Они утратили Божью честь и захотели обрести собственную. Их непреданность к Богу создала стыд, так что они спрятались и оделись. Кроме того, их грех обесчестил Бога. Бог потерял лицо. Из-за того что Адам и Ева опозорили всех, Бог изгнал их из Своей обители, чтобы поддерживать Свое достоинство.

Как потомки Адама, мы наследуем первобытный стыд. Наше собственное невежество и нелояльность увеличивает стыд. Этот стыд формирует нашу личность и поведение. Грех (т.е. злоупотребление кем-то, гнев, сплетни, хвастовство, расизм, насилие, войны, и т.д.) в значительной степени, ложная попытка скрыть стыд и обрести честь. Мы производим ложное впечатление, часто стыдимся других или хвастаемся в превосходстве нашей собственной группы. Потеряв наше духовный лицо, семью, имя и статус наша жизнь является вечными усилиями, чтобы построить поддельную честь. Вавилонская башня иллюстрирует, как люди стремятся возвысить себя и сделать себе имя. Наш стыд вызывает позорное поведение и бесчестит Бога.

Тогда Бог создал план по восстановлению человеческой чести. Он наделил Авраама землей, благословением, народом и множеством детей. Как великая нация, семья Авраама станет Божьим инструментом для благословения всех народов. Когда потомки Авраама страдали в рабстве в Египте, Бог избавил их от позорного рабства. Израильтяне стали самой ценной нацией, яблоком Божьего глаза и сокровищем сердца Его.

Бог сделал специальные заповеди для Израильтян, только бы они чтили Его и с лояльностью относились к Торе. Заповеди Торы очищают израильтян и позволяют им быть восстановленными в обществе. Хотя предназначением Божьего завета является восстановление чести, часто нелояльность Израильтян порочит имя Божие среди народов. Когда люди обращаются к ложным богам, это омрачает лицо Создателя. Избранность израильтян привела к праведности этого народа. Они верили, что язычники были недостойными находиться в семье Божьей. Израильтяне, как и Адам, были выбраны за честь, но в итоге с позором изгнаны. Несмотря на то, что история израильтян заканчивается позором всей нации, примеры и случаи Божественного превозношения на примере Руфи, Давида, Даниила и Есфирь, проливают свет на более важное Божье вмешательство с целью спасти человеческий род от позора и вернуть честь

Хотя Он был вечно славным и честным на небесах как сын Божий, Иисус стал обычным человеком для того, чтобы спасти людей от стыда. Его чудесные исцеления восстановили достоинство и честь обездоленных. Иисус был настолько полон Божественной чести, что те, кто прикоснулся к Нему, были очищены. Его учение провозгласило истинный, вечный кодекс чести. Любя и принимая всех людей, независимо от их репутации, Иисус подорвал ложное общественное представление о чести и предложил божественную честь человечества. Иисус полностью чтил Бога.

Но Иисус был угрозой земной чести правителей. И они ответили Ему, покрыв Его позором публично. Иисус был арестован, подвержен издевательствам, избиениям, прибит и повешен раздетым на кресте. Он претерпел стыд и лишился Своей власти. Он восстановил честь Бога и смыл нашего позора. Человечество было восстановлено.

Тогда Бог публично одобрил стыд, перенесенный Иисусом и воскресил Его к славе. Иисус сейчас занимает почетное место в обители Божьей. В то время как Адам и Авраам потерпели неудачу, Иисусу удалось стать настоящим Человеком; Его жизнь чтит Бога и род людской. Те, кто верны Иисусу, обретут новый статус. Их позор смыт и их честь восстановлена. Люди должны отказаться от игр и социального манипулирования, жажды власти и предстать пред лицом Иисуса в новом статусе. Членство в Божьей семье обеспечивается не по этнической или религиозной чистоте, но по верности распятого Мессии. Бог обменивает наш старый статус нечестивых, никчемных и низших изгоев на статус чистых, достойных и честных детей. Те, кто следует за Христом на крест стыда, также последуют за Ним в воскресение славы.

Будучи приняты в семью Бога, позволяет людям быть с радостью принятым в другие группы. Христиане могут почитать других и прославлять Бога, так как они обладают вечной Божьей честью. По возвращении Иисуса, неверующие будут лишены всех мирских почестей и сосланы на вечный позор; в то время как верующие будут получать венцы вечной чести, Божья слава наполнит все Его творение.[13]

Ключевые Стихи Стыда-Чести

Адам и его жена были оба наги и не стыдились. (Быт. 2:25)

Потому что все согрешили и лишены славы Божией. (Рим. 3:23)

Не бойся, ибо не будешь постыжена; не смущайся, ибо не будешь в поругании: ты забудешь посрамление юности твоей и не будешь более вспоминать о бесславии вдовства твоего. (Ис. 54:4)

Спасение мое и слава зависят от Бога. (Пс 62:7)

Из праха подъемлет Он бедного, из брения возвышает нищего, посаждая с вельможами, и престол славы дает им в наследие; ибо у Господа основания земли, и Он утвердил на них вселенную. (1-я Цар. 2:8)

Он был презрен и умален пред людьми, муж скорбей и изведавший болезни, и мы отвращали от Него лице свое; Он был презираем, и мы ни во что ставили Его. (Ис. 53:3)

Иисуса, Который, вместо предлежавшей Ему радости, претерпел крест, пренебрегши посрамление, и воссел одесную престола Божия. (Евр. 12:2)

Он смирил Себя, быв послушным даже до смерти, и смерти крестной. Посему и Бог превознес Его и дал Ему имя выше всякого имени (Фил. 2:8-9)

Как говорит Писание, "Тот, кто верит в Него, не постыдится." (Рим. 10:11)

И славу, которую Ты дал Мне, Я дал им: да будут едино, как Мы едино. (Иоан 17:22)

И тот, кто верит в Него, не постыдится. Таким образом, честь для вас, кто уверовал... Но вы род избранный, царственное священство, народ святой, люди, для Его владения... До этого, как вы не были людьми, но теперь вы народ Божий. (от Петра 2:6-10)

Стихи о чести: Адам (Быт. 2), Руфь и Наоми (Руфь), Израиль (Из. 16), Ханна (1 Цар 2), Давид (2 Цар. 7), Давид, Мемфивосфей (2 Цар. 9), Есфирь, изгои (Лука 14), блудный сын (Лука 15), и Иисус (Фил 2:5-11).

Концепция спасения Страха-Силы

В начале Бог сотворил мир силой слова Своего. Бог владычествует над всем творением на небесах и на земле. Он правит с абсолютной властью и силой и все созданное Им восхваляет Его.

Сделав мир Своим Царством, Бог назначил Адама

царствовать над миром. Адам был Божьим соправителем, князем творения. Ему дали власть править Божьими творениями, право называть животных. Как Суверенный Царь, Бога назначил человечество править Своим миром.

В какой-то момент, правитель ангелов восстал против суверенного правления Бога. Сатана поднял мятеж. Дьявол замыслил расширить свою незаконную власть над землей, подчинить человечество своей власти. Хитрый змей забрал Адама и Еву из Царства Божьего в его власть. Семья Адама утратила свои позиции власти и авторитет в мире.

Сатана теперь *де-факто* стал правителем. Он стал новый князем; мы родились в его царстве. Глаза людей ослеплены, а сердца захвачены сатаной. Грех, идолопоклонство поработили человеческую душу.

Чтобы вернуть суверенитет над Его Царством, Бог избрал израильтян быть Его орудием в духовной битве. Через отношения с израильтянами, Бог будет расширять Его владычество на все народы. Когда израильтяне были угнетенным в Египте, Бог противостоял египетским богам, чтобы освободить их от рабства фараона. Исход продемонстрировал силу Божью всем людям.

Бог – могучий воин, превосходство Которого над добром трансформируется в земные завоевания. Когда израильтяне полагались на Бога Он даровал им победу, независимо от их военного невыгодного положения. Но слишком часто они искали власть в неправильных местах. Израильтяне поддались искушению ложных богов в идолопоклонстве и оккультных практиках. Вместо того, чтобы быть в союзе с Господом, они в заключили союз с богами Ханаана и правителями крупных государств, чтобы обеспечить защиту и благословение. Пророки провозгласили и продемонстрировали превосходство Бога над богами ханаанскими, а израильтяне остались бессильными, чтобы избежать влияния сатаны.

Освобождение Божьей силы воплощается в лице Иисуса Христа. Он открыл долгожданное Царство Божье. Полностью уполномочен Божьим Духом, Иисус сопротивлялся предложенному сатаной совместному господства и по-прежнему был верен Божьей миссии уничтожения царство сатаны. В беспрецедентном масштабе, Иисус освободил людей из плена сатаны. Исцеляя больных, воскрешая мертвых и изгоняя бесов, Иисус разоружил сатану. Потому что Бог был с ним, Иисус спас всех, кто был под властью дьявола.

Через убийство Сына Божьего, Он укрепил свою власть в мире. Смерть Иисуса Христа была смертельным ударом по злым силам. Иисус разоружил злые силы и публично одержал победу над ними. Тогда в конечном проявлении божественной силы, Бог воскресил Иисуса. Иисус воскрес из мертвых, чтобы властвовать с Богом над всеми. Люди теперь должны перейти от темных сил и провозгласить Иисуса как Господа. Вера в Иисуса передается из царства тьмы в царство света. Бог поднимает нас на небеса, так что у нас тоже есть власть и господство над всеми другими властями. Божья благодать восстанавливает нашу авторитетную позицию в мире. Мы сонаследники Христа.

С постоянным доступом к Духу Божьему, мы теперь твердо стоим против сатаны. Хотя сатана продолжает свои деяния, Иисус защищает нас от злого влияния, пока мы верим в Него как в Сына Божьего. Бог благословляет христиан всяким духовным благословением в небесном царстве, осуществлять черную магию и оккультные практики бесполезно. Как христиане обрели Божий Дух в вере и любви, мы победим врага и вырвемся из рабства грехов. Битва закончится, когда Бог победит силы сатаны, а затем будет править миром со Своего престола всю вечность со своим народом.[14]

Ключевые Стихи Страха-Силы

"Владыко Господи, Ты начал показывать рабу Твоему величие Твое и крепкую руку Твою; ибо какой бог есть на небе, или на земле, который мог бы делать такие дела, как Твои, и с могуществом таким, как Твое?" (Втор. 3:24)

Для неверующих, у которых бог века сего ослепил умы, чтобы для них не воссиял свет благовествования о славе Христа, Который есть образ Бога невидимого. (2 Кор. 4:4)

Кто делает грех, тот от диавола, потому что сначала диавол согрешил. Для сего-то и явился Сын Божий, чтобы разрушить дела диавола. (1 Иоанна 3:8)

Если же Я Духом Божиим изгоняю бесов, то конечно достигло до вас Царствие Божие. (Мф. 12:28)

Отняв силы у начальств и властей, властно подверг их позору, восторжествовав над ними Собою. (Кол 2:15)

А как дети причастны плоти и крови, то и Он также воспринял оные, дабы смертью лишить силы имеющего державу смерти, то есть диавола, и избавить тех, которые от страха смерти через всю жизнь были подвержены рабству. (Евр. 2:14-15)

Ибо он спас нас от власти тьмы и введшего в Царство возлюбленного Сына Своего. (Кол 1:13)

Эта сила подобна действию его могущественной силы, которую он, оказываемого в Христа, когда он поднял его из мертвых и посадив его на этом правой рукой в небесах, превыше всякого начальства и власти, силы и господства. (Еф 1:19-21., Ср 6:10-18)

Наша борьба не против крови и плоти, но против начальств, против властей, против мироправителей тьмы века сего, против духов злобы поднебесной. (Еф. 6:12)

Бог мира скоро сокрушит сатану под ногами вашими. Благодать Господа нашего Иисуса Христа с вами. (Рим. 16:20)

Стихи о Силе: Исход (Исх. 15). Илия (1Ил. 18.),

Искушение Иисуса (Лк. 4), Гадариняне (Марк 5), Ефес (Деяния 19), Воин (Откр 19).

Эдемский Сад и Грех

Наличие вины, стыда и страха в мировых культурах вряд ли удивит нас. Это все является последствием первого греха, упомянутого в третьей главе книги Бытие. Чтобы понять библейский рассказ о Божьем спасении в трехмерном формате, мы должны уметь различать различные аспекты человеческого греха.

Сразу же после изгнания из Эдемского сада, Бог открыл глаза Адаму и Еве. Они узнали, что такое добро и зло, что такое «правильно» и «неправильно». Их новые знания вызывали чувство вины за соделанное преступление перед Богом. Бог сказал им не есть плоды с дерева, которое находилось в центре сада, но они Его не послушали. В следствие чего, они потеряли свою невинность и испытали чувство вины. Правильное и неправильное было усвоено их совестью и они чувствовали себя виноватым. Грех Адама и Евы влияет на человечество на протяжении всей истории; грешные люди, отдаленные от Бога, не способны следовать Его заповедям. Несмотря на то, что мы все грешны, Бог дает людям средства для прощения.

Неповиновения Адама и Евы стало позором для всего мира. После их непослушания Создателю, Адам и Ева прикрылись фиговыми листьями. Они не хотели, чтобы их видели. Они чувствовали себя недостойными и смущенными. Прежде, чем они согрешили Адам и Ева "были оба наги, и они не стыдились" (2:25), но теперь они были голые и стыдились. Когда Бог ходил по саду, они спрятались в первый раз. Они чувствовали, что что-то не в порядке не только с ними, но и с их действиями. Стыд Адам и Ева почувствовали не только через пережившие эмоции, но и через объективную реальность. Они потеряли свое лицо и статус. Теперь они чувствуют боль, слабость и нечистоту. После смерти, люди превращаются в пыль. Как неверные дети, которые опозорили Бога, они теряют свою честь. В конечном счете, Адам и Ева были изгнаны из Божьего присутствия. Человеческий род потерял свое лицо. Их дети унаследовали этот позор. Мы чувствуем ужасный стыд быть непринятыми Богом. Но по Своей милости, Бог дал шкуры животных Адаму и Еву чтобы они покрыли свою наготу. На протяжении всей Библии, Бог заменяет стыд и позор обновленной честью.

Адам и Ева также испытывали страх после грехопадения. Когда Адам услышал Бога в саду, он испугался. Им было невозможно устоять перед соблазнительной силой сатаны, и они поняли, что они по-настоящему слабы и уязвимы. Они не выдержали искушения. Сатана в то время обладал большим влиянием на их жизнь. После того, как они были лишены права править над Божьими творениями, Адам и Ева должны были быть покорными рабами. Они становятся рабами, живущими в постоянном страхе своего нового хозяина. Мы уязвимы и беззащитны, пока Бог не приходит к нам на помощь.

Первородный грех Адама и Евы вводит весь мир в вину, стыд и страх. Но Бог восстанавливает невинность, честь и власть тем, кто уверовал в искупление Иисуса Христа. "Больше библейское понимание человеческой личности, которая находится в оковах вины, страха *и* стыда, в свою очередь стимулирует более глубокое и всестороннее удовлетворение жертвой Христа".[15]

Искупление и смерть Иисуса

Искупление объясняет, как распятие делает спасение возможным. Что произошло в небесном царстве, когда Иисус умер? Исторически сложилось так, что христиане объясняли спасительный смысл смерти Иисуса различными теориями. Мы опишем три теории, чтобы увидеть, как христиане пытались преподавать Библию в контексте искупления людей, ищущих силы, честь и невинность.[16]

Теория Выкупа (Страх)

Человечество порабощено и поэтому должно быть освобождённым от его рабства. Согласно учениям отцов ранней церкви, Бог не мог просто так забрать нас обратно, так как таким образом он бы прибег к коварным способам противника. Все должно было быть сделано так, чтобы сатана отдал свою власть над людьми. Ценой этого был Иисус, который отдал свою жизнь в качестве выкупа за человечество (от Марка 10:45). Сатана взял приманку, празднуя победу и право собственности на Сына Божьего. Но сатана был не в состоянии властвовать над Христом. Иисус не был смертным, поэтому Он ускользнул от контроля сатаны.

Хотя отцы церкви преподавали детали спасения различными способами, их общее толкование распятия заключалась в победе Бога над силами зла и освобождения человеческой расы. Современные богословы говорят об искуплении "Христос Воскрес", чтобы подчеркнуть победу Христа над силами зла. Через смерть Иисуса, Бог избавил нас от страха и даровал нам духовную силу. Теория искупления была главной теорией первые тысячу лет существования Церкви.

Теория Удовлетворения (Позор)

Все люди должны почитать Бога, любя и повинуясь Ему. Мы обязаны заплатить долг чести. Ансельм Кентерберийский (р. 1033) считал, что люди, которые не чтят Бога, лишаются чести. Потому что грешники, обесчестили Бога. Люди не способны удовлетворить свою честь, так как не почитают Бога должным образом. Иисус был представителем человечества который полностью любил и повиновался своему Отцу. Он восстановил оскверненную честь Бога и устранил необходимость наказания ее осквернителей. Смерть Иисуса, в сущности, сохраняет лицо Бога.[17] Христос далее устанавливает почетное положение Бога, подтверждая свои обещания всеобщим спасением (Рим. 15:8). В книге Ансельма *Cur Deus Homo*, основной темой является отображения в феодальном обществе одиннадцатого века личной чести и возмещения бесчестия. В связи с этим, теория удовлетворения была и остается сильно зависимой от культуры стыда-чести.

Восстановление славы Божьей является конечной целью распятия, хотя вторичным следствием теории удовлетворенности является восстановление человеческого честь. Христос несет наш позор (Ис 53:3.) И восстанавливает наше лицо перед Богом. Интересно, что богословы Восточного обряда сформулировали, как Иисус восстанавливает славу человека; Афанасий Александрийский (р. 296) сказал: "Бог стал человеком, чтобы человек мог стать Богом". Православное учение об обожествлении (*теосис*) включает в себя благодать, которая восстанавливает славный Божественный образ для человечества (Иоанн 17:22; 2 Пет 1:4). Смерть Иисуса восстанавливает честь Бога *и* для людей.

Теория замены наказания (Вина)

Бог свят и справедлив, поэтому Он должен наказать нарушителей закона. В то время как Бог любит нас, справедливость требует платы за преступление. Согласно теории замены наказания, произвольное прощение греха без наказания делает Бога несправедливым. Потому что Бог праведен, Бог всегда делает то, что правильно, и дает людям то, что они заслуживают. Наш грех заслуживает вечного наказания. Но Иисус принес себя в жертву и принял гнев Божий на Себя. Распятие утоляет Божий гнев против нас, и платит за наши грехи. Смерть Иисуса умиротворяет гнев Божий против виновных грешников, удовлетворяя законные требования наказания. Он страдает ("наказание") вместо нас ("замещение"). Это то, как Бог может оправдать виновных и объявить их праведными без ущерба для Своей справедливости.

Теория замены наказания произошла от реформаторских правоведов в середине 1600-х годов. С 1800-х она стал доминирующей теорией искупления в западном христианстве, возможно, так как она соответствует ценностям западного права (особенно карательного правосудия), объясняя, как виновные люди могут быть юридически оправданы на небесах.

Современная теология должна определять приоритеты и акцентировать на образах, объясняющих, как смерть Иисуса на кресте спасла людей от вины, стыда и страха. Тем не менее, различные теории искупления могут помочь нам представить 3D Евангелие для всех культур.

Систематизированы теологические категории

В следующей таблице представлены основные богословские категории в контексте ценностей культур вины, стыда и страха.

	Вина	Стыд	Страх
Общественная	Индивидуальный	Коллективный	Анимистический
Экзистенциальный вопрос	Как мои грехи могут быть прощены для того чтобы попасть в рай?	Как я могу быть частью сообщества, в котором меня уважают?	Как найти силы, чтобы контролировать жизнь?
Христианское богословие	Августинское, реформатское	Не развито	Пятидесятническое, харизматическое
Метафора принципа	Судебная (правовая)	Общественная (реляционная)	Боевая (военная)
Основное местоположение	Запад (Европа, Северная Америка)	Восток (Ближний Восток, Азия)	Юг (Африка, племенной)
Статус христианства	Исторически-христианский	Минимально христианский	Недавно христиансикий

Бог			
Бог	Законодатель и Судья (Безгрешный, совершенный, справедливый)	Отец и Покровитель (Славный, высший, верный)	Правитель и Избавитель (Владыка, трансцендентный)
Святость Бога	Он один прекрасно сохраняет абсолютные моральные стандарты	Он один, бесконечно славный, заслуживающий все почтение	Он один создал и находится выше всего и всех существ
Независимость Бога	Прощает нарушителей и определяет наше будущее спасение	Почитает смертных и смиряет гордых	Побеждает духовные силы и правит миром
Праведность Бога	Карательная справедливость	Заветная верность	Космическая сила

Грех			
Грех	Проступки и правонарушение	Вероломство и возмущение	Присвоение власти и идолопоклонство
Греховность	Полная греховность	Полная неприемлемость	Полная уязвимость
Нарушение	Божьи законы	Божье лицо и слава	Божья сила и власть
Грешники	Осуждены	Отвергнуты	Прокляты
Последствия греха	Суд и наказание	Позор и унижение	Доминирование и связывание
Эмоции греха	Сожаление	Недостоинство	Беспокойство
Падение (Быт. 3)	Возложенная вина	Скрытая нагота	Укрытие в страхе
Культурные решения	Оправдать, признаться, вернуться	Скрывать, бежать, покинуть	Анимизм, черная магия
Ложная надежда	Мораль, поступки, заслуги	Идентичность, связи, имя	Ритуалы, знание
Законы Ст Завета открывает	Наше моральное падение	Наша осквернение	Наше идолопоклонство

Иисус			
Христос	Замена и жертва	Посредник и брат	Завоеватель и Освободитель
Воплощение	Иисус становится полностью человеком, чтобы заплатить наш долг	Иисус оставляет славу чтобы прославить Отца и нас	Иисус приходит, чтобы разрушить дела диавола
Жизнь Иисуса	Прожил безгрешную жизнь	Исцелял нечистых, ел с изгоями, приветствовал язычников	Изгонял бесов, творил чудеса и знамения
Смерть Иисуса	Несет наказание за наши моральные проступки	Удаляет наш стыд и восстанавливает честь Бога	Побеждает демонов и темные силы
Крест	Успокаивает гнев Божий	Изменяет Божье мнение	Устанавливает Божью силу
Теория Искупления	Замена наказуемого	Удовлетворение	Христос Победитель
Воскресение Иисуса	Обеспечение будущего спасения	Боже честь для пристыженных	Победа над сатаной и смертью

Спасение			
Спасение	Невинность и Прощение	Честь и Лица	Сила и Свобода
Сфера	Пост смертный мир	Этот мир	Невидимый мир
Раскаяние	От праведности по делам (Прекратить попытки угодить Богу хорошими поступками)	От хвастовства (Противостоять использованию культурных систем для продвижения вашего статуса)	От идолопоклонства (Отказаться от ложных полномочий и магических ритуалов)
Благодать (преодолевает)	Злобность	Никчемность	Слабость
Прощение	Прощать обиды	Примирять отношения	Удаляет оплоты
По правую Божью руку	Признание и близость	Престиж и статус	Сила и власть
Примирение с Богом ведет к миру с:	Ты сам (Душа, совесть)	Люди (Семья, община)	Создание (Природа, духи)
Ученичество	Послушание	Лояльность	Повиновение
Святой Дух	Руководство по поведению	Общение с Троицей	Оснащение и наделение силой для предстоящих сражений
Этика	Любовь к ближним	Уважение других	Благословения других
Уверенность	Спасен ли я и принят согласно моральным законам?	Являюсь ли я частью правильного сообщества?	Достаточно ли я силен, чтобы победить темные силы?
Миссиология	Познание правды	Встреча с собществом	Познание силы
К Ефесянам	2:1-10	2:11-22	6:10-17

4

СЛУЖЕНИЕ

В Библии, Бог обращается к первичным желаниям всех культур — невиновности, чести и власти. Евангелие - это действительно многогранный алмаз, способный спасти человечество от всех аспектах греха.

Наша задача, как христиан, не только созерцать величие алмаза, но и распространять новость Божьего спасения, так чтобы все народы знали, что Бог пожертвовал своим Сыном. В этом заключительном разделе мы рассмотрим, как вести христианское служение в контексте той или иной культуры

Так же, как люди учитывают свою культурную ориентацию, христиане часто предлагают формы христианского служения в том контексте, в котором они познали Евангелие. Мы считаем, что наши методы, используемые проповедования, должны быть универсально применимыми во всех культурах. Однако, если мы будем учить людей Евангелию не учитывая культурный контекст то у людей могут возникнуть сложность с его пониманием.

И даже если мы признаем необходимость контекстуализации, мы часто прибегаем к нашим обычным методам служения из-за отсутствия практических альтернатив проведения христианского служениея в различных культурах.

Три измерения в глобальных культурах и библейском спасении влияют на наш подход к служению. Как мы можем представить Евангелие в правильном свете в каждом типе культуры? Для разработки 3D служения, мы сначала рассмотрим два способа евангелизации (3D "план спасения" и "история спасения"). Затем, чтобы обеспечить осознанное восприятие Евангелия людьми, мы выделяем три контекстных подходы христианской истины — встреча правды, встреча силы и встреча общественности.

3D План Спасения

Четыре Духовных Закона касаются миллионов жизней. Далее понятие Евангелия показано как структура из четырех частей. В следующей таблице используется данная структура, чтобы предложить план спасения для каждого типа культуры. Так как каждый человек уникален, далее приведены только общие объяснения.

	Вина-Невинность	Позор-Честь	Страх-Сила
1. Божье намерение	**Бог любит нас и предлагает прекрасный план для нашей жизни.** Иисус пришел, чтобы мы имели вечную жизнь, а не погибли. Иисус предлагает нам жизнь с избытком.	**Бог ценит вас и хочет чтить вас, как дитя свое.** Бог создал нас со славою и честью, чтобы жить с гармонией в семье.	**Бог является правителем и предлагает вам духовную власть.** Бог создал нас, чтобы мы управляли всеми Его созданиями (видимыми и невидимыми) и приняли его духовные благословение.
2. Проблемы человечества	**Люди грешны и осуждены Богом.** Наши преступления создают барьер между нами и Святым Богом. Добрыми делами не удается достичь милости Божьей.	**Люди опозорили и обесчестили Бога.** Наше неповиновение позорит Бога и ведет к стыду. Мы пытаемся восстановить честь и смыть позор с нашего духовного приюта.	**Люди живут в страхе под властью сатаны.** Наше идолопоклонство отделяет нас от божественной силы. Силы тьмы правят над всеми людьми, вызывая греха, смерть и вред.
3. Решение Иисуса	**Иисус Христос является идеальной жертвой за грехи наши.** Иисус умер на кресте вместо нас, чтобы понести наказание за грехи наши. Иисус перенес гнев Божий и наказания вместо нас.	**Иисус Христос перенес весь ваш позор и восстановил честь.** Смерть Иисуса удаляет наш стыд и восстанавливает честь. Почитая Бога, Иисус позволяет вернуться семью Божью.	**Иисус – это воин, который восстанавливает нашу власть.** Иисус победил силы зла и смерти, чтобы принести Божью власть и благословения. Его смерть дает нам духовную власть.
4. Наш ответ Спасителю	**Вы должны принять Иисуса как своего личного Спасителя.** Примите Христа как личного Спасителя, чтобы получить прощение грехов и вечную жизнь.	**Вы должны быть верными Иисусу, чтобы войти в семью Божью.** Получите милостивый прием Божий в Его семье и живите под Его защитой. Отвернитесь от ложных идеалов и получить честь Божью.	**Вы должны познать Иисуса, чтобы получить доступ к божественной силе.** Уверуйте в Иисуса Христа для получения защиты и силы. Отвернитесь от магических ритуалов и оккультизма для власти и благословений.

3D История Спасения

Каждый тип культуры принимает особые концептуальные метафоры как наиболее правдоподобные. Это означает, что речь и ценности из одной области жизни (напр., зала суда, общины или боя) используются в качестве метафоры, чтобы организовать свое мировоззрение и духовную жизнь. Метафоры использовать образы из этого мира, чтобы объяснить духовные реалии.

Списки слов ниже отражают конкретные концептуальные метафоры для христианского спасения. Люди могут лучше понять спасение во Христе, когда мы используем в речи правдоподобные метафоры. В Библии есть много сюжетов о спасении (напр., создание, падение, исход, Иисус, восстановление) с использованием словаря концептуальных метафор.[18]

Судебная Речь (Вина)

Закон	Трансгрессия	Судейство
Умиротворение	Судья	Правильно
Правила	Оправдание	Коррекция
Осуждение	Невинность	Штраф
Справедливость	Индивидуальное	Наказание
Прощения	Личное	Заслуги
Задолженности	Оплата	Команды
Гнев	Вина/Сожаление	Жертва

Общественная речь (Позор)

Лояльность	Посредник	Семья
Отец	Еврей/Язычник	Сообщество
Дети	Гармония	Открытый
Альянс	Верность	Праздник
Уважение	Единство	Осквернение
Включение	Гостеприимство	Унижение
Лицо	Репутация	Рекомендациям
Благоговение	Идентичность	Восприятие
Сан	Отчуждение	Опальный
Нечистивый	Утверждение	Покровитель(ство)
Достойный	Слава	Безчестие
Хвастовство	Чистота	Зависть
Угроза	Наследование	Утверждение

Боевая Речь (Страх)

Избавление	Исцеление	Сатана
Сила(ы)	Бандаж	Орган
Тьма	Доминирование	Исход
Магический	Знаки	Чудеса
Чудо	Владение	Мощный/Слабый
Противостояние	Пленница	Угнетение
Мир	Мощь	Всемогущий
Трон	Управления	Борьба
Духи	Святой Дух	Экзорцизм
Молитва	Королевство	Ангелы
Благословение	Проклятие	Защита
Обманщик	Свобода	Твердыня
Власть	Триумф	Идолопоклонство

Контекстуализированные Формы Служения

Создание последователей культур, основанных на чувстве стыда и страха – это нечто больше, чем просто новое восприятие Евангелия. Каналы, через которые мы провозглашаем Евангелие, также должны быть адаптированы к культурному контексту. Использование Слова Божьего трехмерно предполагает использование форм, через которые люди привыкли получать невинность, честь и власть.

3D Евангелие влияет как на *содержание* Евангелия так и на *значение* христианской благодати. Концептуальные метафоры, используемые в теологии (в предыдущем разделе), стали основополагающими в наших проповедях. Как мы понимаем миссия Божья (т.е. помилование виновных, смывание стыда или прощение грехов) формирует нашу стратегию христианского служения.

Что можно выбрать подходящим миссиологическим подходом к трехмерной культурной ориентаций? Как люди лучше воспримут Евангелие? Как истину, как силу, или как сообщество? Культурные особенности народов определяют то, как они будут ценить и принимать Евангелие.

В Деяниях 26:18, Павел описывает свою миссию язычникам в 3D терминологии — "открыть глаза им, чтобы они обратились от тьмы к свету и от власти сатаны к Богу (*сила*), и верою в Меня получили прощение грехов (*невинность*) и жребий с освященными (*честь*) *Иисусом*". Служение Павла представляет трехмерное Евангелие. Эти три пряди Евангелия никогда не действовали в одиночку, но движущие силы определенной культуры могут гарантировать акцент на одном подходе выше других. Три сущности в служении Павла в книге Деяний иллюстрируют три подхода к христианскому восприятию — сущность правды, сущность силы и сущность общества.

Сущность Правды

Во время субботнего собрания в Антиохии Писидийской (Деяния 13:13-42), руководители синагоги попросили Павла поделиться словом наставления. Павел встал и проповедовал, как история израильтян была кульминацией в воскресении Иисуса. В конце своего послания Павел сказал: "Поэтому, друзья мои, я хочу, чтобы вы знали, что через Иисуса прощение грехов возвещается вам". Аудитория Павла познала истину Евангелия.

Западная миссиология, разработанная в культурной среде с преобладанием законности, использует методы судебных заседаний для христианского служения. В поисках истины, христианство выполняет функции адвоката, который словесно объясняет и защищает истинность Евангелия. Евангелие включает логическое представление божественной истины. Так истина рассматривается как правильное или неправильное, она обращается к рациональности и разуму. Как и в Деяниях 13 глава, люди бросают вызов, чтобы узнать правду и получить прощение.

Евангелистские методы подчеркивают провозглашение духовных " законов ". Такие творения как "Взрыв Евангелизации " и "Послания к Римлянам" представляют Евангелие рационально, обращаясь к когнитивной причине. Апологетика—популярный предмет в христианских университетах—использует философское представление рациональной основы христианской веры и защищать против возражений. Популярные апологетические книги иллюстрируют этот судебный подход к христианскому служению в чувствах культур вины-невинности. Они представляют Евангелие как правду.

Представлением правды Западное Христианство просветляет верующих. Основная форма познания-проповедования-выводов значительно лучше представляется через преподавание. Западное богословие способствует систематизации богословия (упорядочиванию и рационализации христианской веры), послание Павла к Римлянам (наиболее систематизированная и проповедуема книги Библии). Эти предпочтения духовенства показывают, как предположения и методы судебных инстанций влияют на христианское служение в контексте вины-невинности.

Миссиологический подход к восприятию истины произвел удивительный плод для Царства Божьего, так что он остается ключевой стратегией в миссиях. Мир должен продолжать слышать истину Евангелия. Тем не менее, христиане в контексте вины-невинности должны быть осведомлены о том, как их культурная ориентация влияет на их миссиологические методы. Большинство мировых культур может лучше воспринять спасение Божье через Евангелие с помощью культур силы и общества.

Сущность Силы

Когда Павел и Варнава покинули Антиохию в своей первой поездке, они прибыли на остров Кипр. Проконсул, призвал Варнаву и Павла, чтобы они проповедовали слово Божие, но местные шаманы начали выступать против их проповедей. Павел сразу узнал темные духовные силы, стоящие за словами шаманов и направил руку Господа против них. Проконсул видел, как глаза шамана были ослеплены, а затем шаман уверовал в Господа. Встреча проконсула с силой Евангелия описывается в Деяниях 13:4-12.

Культура страха-силы может потребовать доказательства силы, не рациональное мышление, а веру господство во Христа. Люди должны ощутимо увидеть силу Бога в повседневной жизни. В понятиях силы проповедь является духовной битвой.

Христиане – это сила Божья, желающая преодолеть твердыни сатаны и расширить господство Бога. Церковь спасает людей из царства тьмы в царство Иисуса.

Верующие, исполненные Божьим Духом, борятся с рабством сатаны с помощью силы Божьей. Результатом этой борьбы является переход из одной духовной власти к другой. Битва между Богом и сатаной за контроль и поклонение происходит здесь на земле. В этой связи, духовная война заканчивается победой небес, одержанной Иисусом для жизни на земле.

Основными инструментами духовной войны являются Слово Божье и молитва. Слово Божье обеспечивает духовные ресурсы, чтобы противостоять обману и лжи ложного царства сатаны. Молитва, в сочетании с настоящей верой, заменяет магические ритуалы и священные объекты, как источник сверхъестественного влияния. Молитва просит Господа расширить Его славное царство, благословляя всех праведных на земле.

Христиане могут применять божественную силу, доступную через Писания и молитвы, несколькими способами:

1. Духовное проповедование христианских дисциплин, для того чтобы преодолеть греховные узы со знанием духовных ресурсов Божьих и истинности Христа. В отказе от деяний сатаны и внутренним исцелением, верующие испытывают Божье избавление от духовного гнета и греха.

2. Признаки и чудеса проявления силуы Духа Божьего

среди неверующих. Ученики Иисуса наделены властью, чтобы преодолеть силы тьмы, молясь во имя Иисуса.

3. Пророчества, относящиеся напрямую к духовному Слову, наставлению или поддержки, демонстрируя знания и силу Духа Божьего.

4. Общественный вызов власти предков и доказательство превосходство Бога-Творца, как встреча между Моисеем и фараоном (Исход 7-12) или Илии и пророков Ваала (1 Царств 18).

5. Сны часто интерпретируется как откровение от Бога. Отчеты показывают, что многие мусульмане обращаются к Христу, увидев Иисуса во сне. При дискуссии с мусульманами, я иногда перенаправляю разговор, сказав: "Я буду молиться, чтобы Иисус приснился Вам. Когда Он это сделает, позвоните мне ".

Люди могут испытывать благую весть о Божьей силе через проповеди, знамения и чудеса, пророчества, общественные противостояния и сны. Христианская миссия в контексте страха-силы может представить Евангелие, проявляя Божью силу в таких контекстах соответствующими способами.[19]

Сущность общества

Павел и Сила сидели в своей тюремной камере, пели и молились Богу. Вдруг, случилось землетрясение, двери темницы открылись и их цепи оборвались. Надзиратель тюрьмы проснулся от хаоса и схватил меч, чтобы покончить с собой, из-за невыполения своих обязанностей. Павел вовремя крикнул: «Остановись! Мы здесь!» После того, как ситуация стабилизировалась, надзиратель и его семья уверовали в Господа Иисуса как спасителя, проговорив целый вечер с Павлом и Силой. В Деяниях 16, семья филиппийского надзирателя тюрьмы уверовала в Иисуса, когда они услышали проповедь.

В контексте стыда-чести, христианская миссия помогает людям обрести правильное общество. Люди стремятся попасть в общества, подходящие им по духу. Вход в новое общество изменяет собственное духовное состояние. Преобразование означает предоставление лояльность и верность новой группе и Богу. Неверующие приходят на общественные встречи, чтобы пересмотреть свою репутацию (т.е., определить, насколько они честные) и кодекс чести (то есть, то, что действительно почетно или стыдно) в свете Божьей чести. В Библии существует представление трех обществ: Троица, Церковь и семья.

Троица

Христианская миссия ведет людей к встрече с почетом и славой. Честь переориентируется вокруг Триединого общества. Отец, Сын и Дух Святой заменяют семью, этническую принадлежность, как источник чести. Отец приглашает бесчестных в дом свой и дарует им честь.

Сын в настоящее время действует в качестве нашего почетного Брата, обеспечивая честь для нас на небесах. Дух приходит в качестве первоначального взноса нашего будущего наследства славы. Настоящая честь приходит только после столкновения с лицом Бога. Общественное познание Бога в лице Иисуса, является единственным окончательным источником для получения нового и уважаемого статуса.[20]

Филиппийский надзиратель хотел убить себя, чтобы покрыть свой позор за невыполненную работу. Он действовал, как самурай, чтобы сохранить честь своего народа, жертвуя своей жизнью. Люди в культуре чести-стыда должны прийти к признанию ошибочности социального стыда, хотя изначально это может быть очень болезненным. Надзиратель оставался с обнаженным мечом достаточно долго, чтобы пересмотреть, как честь Бога перевешивает весь возможный социальной стыд.

Вечная слава приходит только через Сына Божьего (Иоанн 17:22), потому что только Божье правление будет длиться вечно. Когда люди отвергают Бога, как единственный источник и арбитра чести, они выбирают человечкскую честь, а не бесконечную славу (Иоанн 12:42-43). Христианская миссия заменяет ложный стыд ("я не являюсь полезным никому") и ложную честь («Моя группа лучше!") истинной честью Бога.

Церковь

Чтобы сохранить жизнь надзирателя, Павел закричал: «Мы здесь!" Церковь, как земное тело Христа, является основным сообществом, в котором неверующие принимают Евангелие. В то время как законечная честь от Бога, участие в Божьей семье на земле подтверждает честь народа. Церковь функционирует как суррогатная семья, предназначением которой является освобождение людей, чтобы смыть их позор.

Процесс разговора о стыде и чести людей обычно начинается с сообщества (то есть, сообщество => евангелизация), в то время как встреча истины начинается с евангелизации людей в церкви (евангелизация => сообщества, группы). Социально ориентированные люди должны изучить группу, прежде чем принять приглашение присоединиться кней. Авторы Нового Завета обычно приравнивают включение в сообщество Бога с христианским спасением. "И тот, кто верит в Него, не постыдится. Таким образом, честь тем кто уверовал... Но вы род избранный, царственное священство, народ святой, люди, для Его собственного владения... До этого вы не были людьми Божьими, но теперь вы народ Божий "(1 Пет. 2:6-10).

Представляя Евангелие в культурах стыда-чести, мостами между верующими и неверующими должны быть величие и честь. То, как мы общаемся с людьми, должно соответствовать с нашими посланиями, воплощающими честь Бога. Посредничество в достижении истинной чести и словом и делом имеет важное значение для привлечения людей в условиях чести-стыда. Пристыдить людей, даже непреднамеренно, противоречит Евангелию Божьей чести. Вот четыре способа донести честь Божью к людям и общинам:

Филиппийский надзиратель тюрьмы почувствовал Божью честь в его отношениях с Павлом и Силой. Они не убежали из тюрьмы, они рисковали собственными жизнями и репутацией, чтобы сохранить его честь. После этого они любезно приняли приглашение надзирателя поесть вместе. Совместный прием пищи - один из эффективных способ почтить других, так как он образует общественную связь. Застольное общение является основным для Иисуса в Евангелии (Лк 15:1). За общим столом можно проповедовать честь Божью так громко, как проповедь в коллективистских обществах.

Хороший план развития создает людям возможности для выражения почетных аспектов их личности и культуры. Подход развития общин на основе активов (АБВГ) чтит людей, подчеркивая свои активы и социальный капитал.[21] К сожалению, некоторые христианские усилия по развитию увековечивают стыд, начиная с потребностей и бедности людей. Всегда на приемном конце отношений делает сообщения неполноценным и никчемным.

Духовное милосердие может освободить людей от оков земного стыда. Например, медики из Африканского Ковчега Милостыни улучшают социальный статус людей, удаляя опухоли на лице.[22]

Четвертым способом почтить людей является решение конфликта с честью. Христиане, живущие в культуре чести-стыда, должны научиться разрешать конфликты, не оскорбляя других. Если вы кого-то обидели, помощь ему или ей каким-то образом восстановить честь может быть более подходящей, чем простые извинения. Рассмотрим невербальные формы примирения, такие как дары или еда. Обращая внимание на репутацию в ходе конфликта, а не сосредотачиваясь исключительно на добре и зле, можно сохранить и восстановить отношения.[23]

Совместные приемы пищи, кооперативы на основе активов сообщества, милосердие и помилование, разрешение конфликтов представляет несколько путей Церкви для обращения в честь.

Семья

В коллективистских культурах, обращение в христианство может быть позором для всей семьи и соседних общин. Многие народы в Евангелие отвергают христианство не по теологическим причинам, но из-за социальных и культурных сил, которые позорят их семью.

Для коллективистских культур, выбор религии отдельно от группы предполагает отказ от самой группы. Я помню, несколько неверующих в Средней Азии, которые признали свой стыд перед Богом и принятие Иисуса было единственным путем к вечной чести, но, тем не менее, они не желают рисковать своей общиной или репутацией семьи, чтобы следовать за Иисусом. Из-за социального стыда, Евангелие, вероятно, не стало волшебным ключом от всех замков. Христианское служение в контексте чести-стыда должны также выходить из контекста Евангелия.

В то время как вера в Христа всегда личная и может включать в себя отвержение от обязательств группы, в Евангелии есть примеры, когда во Христа уверовала вся семья. Приглашение Павла семьи надзирателя для спасения чести одного человека, позорят остальную семью. Идея "группового преобразования" не игнорирует индивидуальную веру и покаяние, но понимает, что некоторые люди предпочитают принимать решения в условиях групповой взаимозависимо. Обращение к Христу через групповой опыта ограничивает ненужные социальные дислокации.[24]

Понятие взаимозависимых решений для Христа воздействует на наше просветление. Например, если молодой человек показывает заинтересованность в Иисусе, может быть разумным сказать это всей семьи. Делясь с лидерами семьи, мы будем ограничивать социальные потрясения извлечения человека от своей общины. Миссиологический подход помогает людям принимать Иисуса всем обществом, а не только в индивидуальном порядке.

Тем не менее, некоторые люди в обществах стыда-чести в индивидуальном порядке принимают решение следовать за Христом. Это часто приводит к семейным спорам, гневным угрозам, и сообщество сплетням. В таких сложных условиях, должны быть выработаны долгосрочные способы поощрения новых верующих, чтобы они оставались в своей семье и не брезговали социальными обычаями. Семейные узы являются наиболее естественными каналами для передачи Евангелия в контексте стыда-чести, поэтому они должны быть сохранены, насколько это возможно. Отлучение новообращенных от их социальных сетей ограничивает их влияние как христиан. В Средней Азии, мы обнаружили, что почти 70% христиан пришли к Иисусу через верующего родственника. Исследование, проведенное в Тайланде, заключило, что шансы неверующих стать христианином в 229 раз выше, если они имеют христианского родственника.[25]

Люди в культуре стыда-чести могут иметь опыт противоречий в своем сообществе между религией и традициями при попытке принять Евангелие.

5

ВЫВОДЫ

Грех искажает человечество, вызывая чувство вины, стыда и страха. Следовательно, мировые культуры хотят обрести невинность, честь и силу от Бога. Бог в Библии желает благословить все народы со всей полнотой спасения во Христе. Призвание Церкви – осмысленно ввести народы к Богу, который обращается к нашим глубочайшим культурным и духовным устремлениям.

3D Евангелие предназначено как для христиан, особенно в служении, так и для нехристианских культур. Богословское туннельное зрение, которое видит только одну сторону алмаза, сковывает наши отношения с Богом. Западные христиане могут полностью уверовать в Иисуса для прощения грехов, но все же страдают от стыда и страха. Христианам часто стыдно за "не достаточно хорошо" и они пытаются замаскировать очевидные недостатки. Чувство неадекватности или бесполезности из-за прошлой боли или недавней неудачи мешает нашей близости с Богом. Страх также оживляет западную культуру. Мы, возможно, не беспокоимся о духовных силах, затрагивающих нас, но мы беспокоимся о будущем. Этот страх заставляет нас найти безопасность и защиту в «современных» силах (т.е. армии или департаменте внутренней безопасности). Прежде чем мы провозгласим 3D Евангелие, мы должны испытывать и представить его в нашей собственной жизни.[26]

Более существенное, одномерное Евангелие угрожает достоверности и целостности Библии. Мы неправильно поняли Писание и построили суб-библейский взгляд на Бога. Если Бог не спасает нас от стыда и страха (и не только теоретически, но и практически), то он серьезно минимизирует свою славу как Бога. 3D Евангелие позволяет нам более полно поклоняться нашему святому, славному и суверенному Богу.

Так как мы охватили все аспекты Евангелия, мы можем более эффективно познать Бога и сделать Его известным. В заключении, "Я молюсь, чтобы Он просветил очи сердца вашего, дабы вы познали (*и провозгласили*), в чем состоит надежда призвания Его, и какое богатство славного наследия Его для святых, и как безмерно величие могущества Его в нас, верующих по действию державной силы Его"(Ефесянам 1:18-19). Аминь!

Об авторе

Джейсон Джорджис (Магистр Богословия, Тэлбот) является миссиологом в евангельской организации. Он служил в Средней Азии на протяжении девяти лет, проводя научные исследования, насаждая церковь и развивая микропредприятия. В это же время Джейсон обнаружил свою страсть к Евангелию в чести Бога. Он опубликовал статьи в *EMQ* (*Евангельские Ежеквартальные миссии*), *Миссиологии* и *Шотландском Журнале Богословия*. Джейсон занимается администрированием сайта HonorShame.com и разработал тест TheCultureTest.com. В данное время он проживает со своей семьей в многонациональном сообществе беженцев недалеко от Атланты, Джорджия.

Заметки

1. Eugene Nida, *Customs and Cultures* (New York: Harper, 1954), 150. Это трехстороннее разделение культуры было инициировано Нидой, а затем расширенося и популяризировано в Roland Muller, *Honor and Shame: Unlocking the Door* (Philadelphia: Xlibris, 2001).

2. "Groupality," *Wikipedia*, October 1, 2014, http://en.wiktionary.org/wiki/groupality.

3. Для дальнейшего чтения Ефесян см: Clint Arnold, *Power and Magic: The Concept of Power in Ephesians* (Eugene, OR: Wipf and Stock, 2001); Peter Gosnell, "Honor and Shame Rhetoric as a Unifying Motif in Ephesians," *Bulletin for Biblical Research* 16:1 (2006): 105–128.

4. Muller, *Honor and Shame*, 16.

5. "Uncle Calls Boston Marathon Bombers 'Losers'," *CNN*, April 19, 2013, http://www.cnn.com/2013/04/19/us/marathon-suspects-uncle/index.html.

6. Alexandra Garcia and Sergio Pecanha, "World Cup Despair in Brazil," *The New York Times*, July 9, 2014.

7 Wesley Yang, "'Tiger Writing,' by Gish Jen," *The New York Times*, April 26, 2013.

8 Для дальнейшего чтения, см: "Understanding 8 Traits of Honor-Shame Cultures," *www.HonorShame.com*, April 17, 2014, http://honorshame.com/understanding-8-traits-of-honorshame-cultures/; "The Chase for Face: The Shame of Western Collectivism," Jackson Wu, August 19, 2014, http://www.washingtoninst.org/8618/the-chase-for-face-the-shame-of-western-collectivism/; David deSilva, *Honor, Patronage, Kinship, and Purity* (Downers Grove, IL: InterVarsity Press, 2000).

9 Steven V. Roberts, "White House Confirms Reagans Follow Astrology, Up to a Point," The New York Times, May 4, 1988.

10 Paul Hiebert, "The Flaw of the Excluded Middle," *Missiology* 10:1 (1982): 35-47.

11 Для дальнейшего чтения, см: The Religion of the Tribal World" *IJFM* 15:2 (1998): 59-67; Gailyn Van Rheenen, *Communicating Christ in Animistic Contexts* (Pasadena, CA: William Carey Library, 1996); Paul Hiebert, Daniel Shaw, and Tite Tienou, *Understanding Folk Religion* (Grand Rapids, MI: Baker Academic, 2000).

12 Статистика относительно населения и религии была составлены из данных Todd Johnson and Kenneth Ross, eds., *Atlas of Global Christianity* (Edinburgh University Press, 2009). "Христиане" для Южной Америки включает в себя евангелистов и харизматиков (как католиков так и протестантов), так что это номинальные цифры. Samuel Huntington, *The Clash of Civilizations and Remaking of World Order* (New York: Simon & Schuster, 1997); Richard Lewis, *When Cultures Collide*, 3rd ed. (Boston, MA: Nicholas Brealey Publishing, 2005).

13 Для дальнейшего чтения, см: Jason Borges, "'Dignified': An Exegetical Soteriology of Divine Honour," *Scottish Journal of Theology* 66:1 (2013): 74–87; Jayson Georges, "From Shame to Honor: A Theological Reading of Romans for Honor-Shame Contexts," *Missiology* 38:3 (2010): 295–307; Edward T. Welch, *Shame Interrupted: How God Lifts the Pain of Worthlessness and Rejection* (Greensboro, NC: New Growth Press, 2012); Werner Mischke, *The Global Gospel*

(Scottsdale, AR: Mission ONE, 2015). Краткие видео, представляющие библейское повествование на языке чести и стыда, смотрите "How Does God Seek Face?" by Jackson Wu and "Back to God's Village" by HonorShame.com, both available on *YouTube.com*.

14 Для дальнейшего чтения, см: Tom Julien, *The Three Princes: Lifting the Veil on the Unseen World* (Winona Lake, IN: BMH, 2011); Tremper Longman III, "The Divine Warrior: The NT Use of an OT Motif," *Westminster Theological Journal* 44 (1982): 290-307.

15 Timothy Tennent, *Theology in the Context of World Christianity: How the Global Church Is Influencing the Way We Think about and Discuss Theology* (Grand Rapids, MI: Zondervan, 2007), 92.

16 Для дальнейшего чтения, см: Joel Green and Mark Baker, *Recovering The Scandal of the Cross: Atonement in the NT and Contemporary Contexts*, 2nd ed. (Downers Grove, IL; InterVarsity Press, 2011); J.I. Packer, *The Logic of Penal Substitution*, (Fig, 2012).

17 Jackson Wu, *Saving God's Face: A Chinese Contextualization of Salvation Through Honor and Shame* (Pasadena, CA: William Carey, 2012).

18 В 3 семантические поля были адаптированы с разрешения д-ра Тома Штеффен из его неопубликованной работы.

18 Для дальнейшего чтения, Крейг Отт, "Сила библейских метафор Контекстуализация Евангелие," Миссиология 42: 4 (2014): 357-374.

19 Для дальнейшего чтения, см: Neil Anderson and Timothy Warner, *Beginner's Guide to Spiritual Warfare* (Ventura, CA: Regal, 2008); Clint Arnold, *3 Crucial Questions about Spiritual Warfare* (Grand Rapids, MI: Baker Academic, 1997); Doug Hayward, "The Evangelization of Animists: Power, Truth or Love Encounter?" *IJFM* 14:4 (1997): 155-159.

20 Christopher L. Flanders, *About Face: Rethinking Face for 21st Century Mission* (Eugene, OR: Wipf & Stock Pub, 2011).

21 Robert D. Lupton, *Toxic Charity: How Churches and Charities Hurt Those They Help, And How to Reverse It* (New York, NY: HarperOne, 2012); Steve Corbett and Brian Fikkert, *When Helping Hurts: How to Alleviate Poverty Without Hurting the Poor . . . and Yourself* (Chicago, IL: Moody Publishers, 2012).

22 Отличная книга Duane Elmer's *Cross-Cultural Conflict* (Downers Grove, IL: InterVarsity Press, 1993) помогает христианам мудро разрешить конфликт в контексте чести-стыда.

23 Tennent, *Theology in the Context of World Christianity*, 97-99.

24 Marten Visser, *Conversion Growth of Protestant Churches in Thailand* (Zoetermeer, 2008), 123.

25 Для дальнейшего изучения, см: "3D Gospel," *Hope Church* (Oakdale, MN), March 16, 2014, http://www.hopechurchoakdale.com/2014/03/3d-gospel-march-16-2014/; Brene Brown, "Listening to Shame", *TED*, March 2012, http://www.ted.com/talks/brene_brown_listening_to_shame.

www.ingramcontent.com/pod-product-compliance
Lightning Source LLC
Chambersburg PA
CBHW071928020426
42331CB00010B/2774